Le bonheur de courir

Se réaliser par la course à pied

jouvence
EDITIONS

Du même auteur aux Éditions Jouvence
8 minutes pour être en forme, 2005
Être tonique, 2004
L'écoute, avec David Feldman, 2002
Gérer ses performances, 2000
Se régénérer le corps et l'esprit, 2000

Extraits du catalogue « Pratique Jouvence »
La méditation antifatigue, V. M. Cancelliere, 2005
Respirez pour mieux vivre,
Olivier et Sandra Stettler, 2004
Le secret des auto-massages chinois,
Olivier et Sandra Stettler, 2003
La thérapie vocale, Philippe Barraqué, 2001
Se relaxer pour mieux vivre,
Jean-Dominique Larmet, 2001
Massage détente, Catherine Maillard, 1998
Bien dormir, enfin !, Marie-France Muller, 1998
La pause de 90 secondes, Rolf Herkert, 1996
Renaître par le souffle, Désiré Mérien, 1994

Catalogue Jouvence gratuit sur simple demande.
ÉDITIONS JOUVENCE
Suisse : CP 184, 1233 Genève-Bernex
France : BP 90107, 74161 Saint-Julien-en-Genevois Cedex
Site internet : **www.editions-jouvence.com**
E-mail : info@editions-jouvence.com

Maquette & mise en page : Éditions Jouvence
Illustrations intérieures & couverture : Jean Augagneur

ISBN 2-88353-452-7

Sommaire

Préface 7

Introduction 11
Les 7 clefs pour bien courir 15
Le bien par la course 37
La course, un mouvement naturel 39
La course, un apprentissage 41
L'unité dans la course 45
La sensation de courir 49
Courir avec intelligence 53
Sensation et conscience 55
L'intériorité 57
Savoir où aller 61
Les fondamentaux de la course 63
Une blessure n'est pas une malédiction 75
Courir à son rythme 81
Courir pour sa santé 89
Conclusion 91

Préface

Deux moines dialoguent et leurs propos sont les suivants, l'un disant à l'autre :

– Je viens de demander à mon supérieur si je pouvais fumer en méditant et il m'a répondu non.
– Quant à moi, je lui ai simplement demandé si je pouvais méditer en fumant et il m'a répondu oui.

À vous de transposer cette histoire de moines bouddhistes au thème de ce livre et de veiller à poser la bonne question pour obtenir la bonne réponse !

Il est possible de méditer en courant. C'est là le grand apport de ce petit livre qui, tout en parlant de la course à pied, ne dit presque rien à propos de performances, de techniques, de capacités, de gestion scientifique de l'effort, ou en terme de victoire.

Mais il propose des réflexions sur le sens de la vie et des ouvertures à la spiritualité. Il pose la question du « pourquoi » et non pas du « comment ».

Il parle simplement de gagner sur soi.

La course à pied met justement le corps dans une autre réalité – celle de la joie de l'effort – pour permettre au mental de se dégager entièrement, d'être pleinement dans l'instant présent. C'est se créer une nouvelle réalité qui fait le vide en soi pour être sensible à d'autres choses qui ne sont plus le mental. C'est ainsi une forme de méditation.

La tradition nous rappelle que « les bonheurs répétés sont souvent le fruit d'une *ascèse* », ce dernier mot ne s'entendant pas au sens de la privation chrétienne mais à celui originel d'exercice. Le bonheur ne s'obtient donc pas à la demande : il se « peaufine » au fil du temps. Je pense que cette définition est parfaitement conforme aux joies procurées par la course à pied à celui qui sait faire fi de son chronomètre pour ne considérer que le moyen d'élever et fortifier l'esprit.

Je crois que le grand mérite de ce petit livre est de nous rappeler qu'il ne convient pas de rechercher les choses pour elles-mêmes (ce qui est du reste une des graves illusions que nous propose la société de consommation), mais pour ce vers quoi elles peuvent nous conduire. Et si nous recherchons tous le bonheur, les moyens pour y parvenir sont multiples. Mathieu Ricard nous montre bien dans son livre *Plaidoyer pour le bonheur* que celui-ci ne dépend pas des sollicitations extérieures, ni de la satisfaction de désirs, mais qu'il procède d'une force ou énergie interne, indépendante des réalités extérieures. La course à pied peut être un moyen pour y parvenir fugacement pendant l'effort, et plus durablement par le fait qu'elle apporte aux potentialités du corps la joie de la communion avec l'environnement pendant la course et la sérénité du corps autant que de l'esprit après celle-ci.

Dans un monde qui fuit de plus en plus l'effort pour rechercher la facilité, pour se complaire dans la satisfaction immédiate de tous les désirs, la course à pied représente pour beaucoup une école archaïque et démodée.

Pas tant que cela cependant car, quoi qu'on en dise ou en pense, c'est par l'exercice et le centrage sur soi que chaque personne progresse vers plus de conscience.

Amateur de course à pied, je vous propose cette vision qui m'est proche:

Mon corps est mon plus fidèle compagnon, il m'accompagne depuis ma naissance et ce n'est que lorsque nous déciderons de nous séparer que je perdrai ma conscience.

L'auteur rappelle que le corps est fait pour le mouvement. Et c'est en quelque sorte lui rendre hommage et le respecter que de lui offrir ce mouvement si naturel.

Et je dois dire qu'il me le rend bien, en bon partenaire, par un corps fort et dynamique, une santé parfaite, une vitalité de qualité qui me permet de mieux gérer le stress et surtout un enthousiasme et un émerveillement permanents devant la nature et par la joie de s'y mouvoir.

Mais peut-être que ces qualités étaient préexistantes et que la course n'a fait que de les révéler ?

À vous d'en faire le pari, comme Pascal ! De toute façon, vous ne serez pas perdant.

Bonne course, belles méditations et beaucoup de joies !

Jacques MAIRE
Éditeur

Introduction

Courir: quelle activité des plus naturelles! Quel enfant ne nous a pas donné l'impression de vouloir courir avant de savoir bien marcher ou même de bien se tenir debout! Pendant la récréation, combien d'entre eux tiennent-ils sans courir pour jouer à cache-cache, à chat perché, au loup, à la délivrance...? Courir fait en effet partie des stades du développement normal de tout individu depuis son enfance. Sauf incident, celui-ci saura et pourra maîtriser son corps, contrôler ses coordinations.

Cette activité ne requiert pas de matériel, tout au plus une paire de baskets dans les pays développés. Aussi naturelle soit-elle à l'origine, elle est devenue progressivement un sport qui, en comparaison avec d'autres sports, est précis, codifié, voire mathématique. Lors des compétitions, il n'y a pas de juge pour mettre une note injuste, ni d'arbitre pour se tromper. Le premier arrivé a gagné parce qu'il aura notamment fait le meilleur temps!

On ne peut pas imaginer une compétition sans chronomètre mesurant avec une précision extrême les temps effectués au centième près, au millième près, ceci afin de contrôler les éventuels faux départs et d'être sûr de l'identité du gagnant à l'arrivée…

Alors que toute course est chronométrée par des appareils électroniques sophistiqués, nous voyons des coureurs regarder eux-mêmes leur montre à l'arrivée pour connaître leur temps personnel sur 15, 20 kilomètres ou plus. Ils recherchent la précision même pendant leurs entraînements, mesurent leur vitesse de course, leur allure pour chaque type d'endurance… et se satisfont ou non des temps réalisés sur 200, 400 ou 1 000 mètres.

Bien entendu, l'on peut courir pour de multiples raisons autres que celle de détenir un record du monde – celui-ci étant d'ailleurs réservé à une élite, à des âges bien définis. Cette obsession du chronomètre se retrouve parfois dans les pratiques que nous qualifierons de loisir et, quel que soit son intérêt, peut alors faire passer l'individu à côté de ce qu'apporte vraiment la course à pied.

Peut-on concilier les deux aspects de la course à pied, tantôt naturelle, tantôt codifiée, mesurable à l'infiniment petit ?

Voici un livre sur la course à pied qui ne parlera pas de chronomètre, ni de temps de passage ni d'un type de séance particulier à réaliser. Ceux qui désirent améliorer leur temps à l'entraînement ne sont pas pour autant exclus de sa lecture, au contraire.

Ils auront d'ailleurs trouvé dans notre précédent ouvrage, *Gérer ses performances*[1], les données nécessaires pour mieux connaître les bases de l'entraînement en endurance. Dans le présent ouvrage, ils découvriront que rien ne s'exclut et que l'on peut également poursuivre des performances chronométriques tout en ayant comme but la recherche du bonheur.

Ceux qui hésitent encore à courir ou qui pensent que seuls un quota de kilomètres et la maîtrise d'une certaine allure leur procureront quelque chose de positif trouveront dans ce livre de quoi reconsidérer cette activité. Pour éviter les deux écueils du « courir pour le chronomètre » et « courir uniquement par loisir », nous énoncerons le principe suivant : tout individu agit en vue d'un bien.

1. J.-P. Pes, *Gérer ses performances*, Genève, Éd. Jouvence, 2000.

Rien ne s'exclut, on peut également poursuivre des performances chronométriques tout en ayant comme but la recherche du bonheur.

Les 7 clefs pour bien courir

Pour améliorer les fondamentaux de la course à pied, nous proposerons dans ce chapitre sept clés par thème, à appliquer concrètement au quotidien. Dans les chapitres suivants, nous développerons ces thèmes.

La volonté

- Vouloir le bien est inhérent à tout être. Cette recherche meut le désir qui, lorsqu'il est sous la direction de la raison, s'appelle *volonté*. Celle-ci a besoin d'être formée, mais pas pour elle-même.[2]

- Il faut pour cela:

---

2. H. Collin, *Manuel de philosophie thomiste*, Paris, Téqui, 1949.

- ✓ Affermir l'équilibre physique au moyen d'une saine hygiène. Il s'agit de prendre en compte non seulement l'entraînement, mais aussi l'alimentation, le rythme de vie et le stress.
- ✓ Développer l'habitude de l'effort en commençant par de « petits actes » pratiqués avec une intensité progressive et une continuité sans relâche. La volonté suppose qu'on est confiance en ses capacités naturelles. *Confiance* et *répétition* sont les maîtres mots.
- ✓ Poursuivre un idéal dans ses activités quotidiennes de façon à faire épanouir les sentiments nobles. Ne pas hésiter à se fixer de hauts objectifs.
- ✓ Acquérir les bonnes dispositions générales exigées par les phases de l'acte volontaire (la conception de la fin, la délibération, la décision, l'exécution…).

- Concevoir la fin, c'est-à-dire se faire une idée claire et précise de celle-ci. Tant de gens ne savent pas ce qu'ils veulent !

- Délibérer : juger la valeur réelle de la fin, en évaluant les moyens à prendre en considération.

- Décider de moyens convenables : c'est par la volonté que je décide juste, que je persévère, que je dure, tiens, suis fidèle.

- S'exécuter, c'est-à-dire agir en accord avec sa décision, en étant patient, courageux et persévérant pour lutter contre les obstacles. La volonté s'exerce notamment par la méditation et la réflexion.

- L'homme de volonté est un homme de pensée claire, de réflexion, de décision et d'action. Il se plie activement à un règlement de vie sociale ou personnelle, laissant une place suffisante aux initiatives. Sa volonté requiert l'aide des autres et suppose un dévouement envers eux.
  Dans notre vision, la volonté est le désir rationnel du bien.

La reprise

- S'écouter, aller à son rythme et non pas à celui des autres ni à celui espéré.

- Se fixer des objectifs qui ne soient pas trop rigides pour ne pas créer de stress.

- Éveiller les sensations et travailler sa respiration.

- Débuter par les fondamentaux techniques : pieds, bassin, épaules, qui doivent être travaillés pendant toute la course.

- Savoir s'adapter en fonction du contexte : nature du terrain, conditions climatiques, état de forme physique et psychique.

- Accorder une place importance au gainage : abdominaux, obliques, lombaires.

- Savourer le plaisir de pouvoir courir.

Courir, une technique

- Prendre soin de la pose du pied : celui-ci, actif, touche le sol par la plante – pas par le talon ni trop par la pointe. Développer la force et la dynamique du pied avec des lattes et des petites haies sur le stade, en terrain varié avec des petites côtes naturelles.

- Sentir et contrôler son bassin, à l'arrêt au sol, debout puis en courant.

- Renforcer les abdominaux, les obliques, les lombaires et les fessiers.

- Relâcher les épaules à l'arrêt puis en mouvement.

- Faire des séances spécifiques à part entière, ou intégrer des exercices techniques à l'échauffement ou bien faire des lignes droites techniques après le footing.

- Apprendre à se détendre et à coordonner sa respiration avec les exercices de renforcement musculaire.

- Intégrer les fondamentaux techniques – pieds, bassin, épaules, respiration – aux exercices globaux de la course, puis au footing et aux séances de course.

Le pied

- Le pied doit être appréhendé comme une partie importante d'un tout. En d'autres termes, il ne doit pas être isolé du reste du corps, mais considéré dans la totalité de celui-ci. Ne dit-on pas lorsque l'on prend du plaisir que l'on prend son pied ! On retiendra donc ce principe même lors d'exercices spécifiques du pied.

- Les sensations du pied doivent être régulièrement éveillées. S'inventer des exercices : pieds nus, les yeux fermés, toucher différentes textures du sol, une balle de tennis, etc.

- La pose du pied est capitale : pointe vers le ciel, attaque avec la plante, puis déroulement du pied. Une bonne pose permet une meilleure efficacité de course et d'éviter nombre de blessures.

- La cheville doit être souple pour permettre une meilleure amplitude.

- Développer la force du pied par des montées sur les pointes avec ou sans poids, puis par des sauts sur place. En même temps, entretenir la proprioception, l'équilibre sur un pied, sur une planche, un plateau…

- Prendre soin de ses pieds : peaux mortes, ampoules, cors… Ne pas hésiter à consulter un podologue, un réflexologue plantaire ou autre. Certains spécialistes savent analyser tous ces indices et les mettre en relation avec les événements psychiques du sportif.

- Améliorer la vitesse du pied par des sauts sur place (saut à la corde…), par des bonds (par-dessus des plots, des haies…). Travailler à différents rythmes, même inhabituellement lents, tout en conservant une bonne vitesse de pied.

Le bassin

- Le bassin reçoit la poussée du pied et doit être dans le prolongement de celle-ci (« sans lignes brisées » en course ou dans les flexions). Le bassin n'est pas une pièce mécanique isolée. D'ailleurs, l'expression « On m'a brisé les reins » montre les liens existant entre le corps et le psychisme. Il s'agira d'en tenir compte lors des entraînements et des soins.

- Développer les sensations de positionnement du bassin (au sol, contre un mur…). Entretenir la proprioception, l'équilibre sur un pied, sur une planche, un plateau, une poutre…

- Renforcer les abdominaux en privilégiant le muscle transverse, en se concentrant sur l'expiration. Lombaires au sol, le ventre rentré, souffler en faisant remonter le périnée, tout en conservant la distance la plus grande entre le sacrum et les premières cervicales.

- Renforcer les muscles obliques en gardant les principes des abdominaux : privilégier l'expiration ; le ventre rentré sous la ceinture, faire remonter le périnée.

- Renforcer les muscles lombaires sans cambrer.

- Améliorer la souplesse du bassin, son placement et l'amplitude des rotations des hanches, par des sauts sur place (saut à la corde...), par des bonds (par-dessus des plots, des haies...). Travailler à différentes intensités de course, en ligne droite et en virage, en conservant une bonne vitesse de pied et un bon équilibre du bassin.

- Ne pas hésiter à consulter un kinésithérapeute, un ostéopathe, un chiropracteur, un vertébrothérapeute, un médecin rééducateur, un spécialiste de médecine du sport... et pas seulement quand on est blessé.

Le dos

- Le dos n'est pas isolé, il est influencé par la poussée, le positionnement du bassin. L'expression « En avoir plein le dos » montre bien les liens entre le corps et le psychisme. Il faudra en tenir compte lors de l'entraînement et des soins.

- Développer les sensations du dos, allongé au sol ou contre un mur.

- Renforcer les muscles dorsaux pour éviter les déséquilibres entre la musculature des jambes et celle du haut du corps.

- Renforcer les muscles abdominaux, les obliques et lombaires en respectant les principes d'un bassin solide et d'un haut (cou, épaules) libre. Faire ces exercices en étirant la colonne vertébrale et les coordonner avec la respiration.

- S'étirer en se pendant par les pieds : il existe de bons appareils pour le faire !

- Améliorer la souplesse générale du dos.

- Travailler sa posture en prenant conscience de son dos et des oppositions existant entre la tonicité du bassin et le relâchement des épaules, sur place par des exercices sur les deux pieds, sur un pied, puis en course.

Les épaules

- Eh oui, les bras servent à courir ! Les expressions « Porter toute la misère du monde sur ses épaules » et « Épauler quelqu'un » montrent bien les liens entre le corps et le psychisme. Il s'agira d'en tenir compte lors de l'entraînement et des soins.

- La zone des trapèzes est souvent le signe d'une charge émotionnelle importante.

- Renforcer les muscles de l'épaule pour éviter les déséquilibres entre la musculature des jambes et celle du haut du corps.

- Renforcer les muscles abdominaux, les obliques et lombaires en respectant les principes d'un bassin solide et d'un haut (cou, épaules) libre. Tout ceci doit libérer les épaules.

- Faire ces exercices en étirant ses épaules ainsi que ses mains et ses bras. Les coordonner avec la respiration.

- Travailler sa posture en prenant conscience du relâchement de ses épaules. Prendre conscience des oppositions existant entre la tonicité du bassin et le relâchement des épaules et des mains, sur place par des exercices sur les deux pieds, sur un pied, puis en course.

- Une blessure ou le simple blocage d'une épaule n'empêche pas de courir. Pourtant, cela peut entraîner une blessure musculaire au niveau des membres inférieurs.

Vivre une blessure

- Sans être hypochondriaque, consulter un spécialiste pour ne jamais laisser traîner une douleur.

- Ne pas se laisser inquiéter par les examens réalisés ni par les diagnostics intermédiaires, parfois portés hâtivement par des spécialistes peu humbles et présomptueux…

- Seule la personne blessée a la meilleure connaissance d'elle-même. Elle confrontera ses sensations avec l'avis du spécialiste et en discutera avec lui.

- Il n'y a pas de problème qui ne puisse être supporté. Il y a toujours une solution. Vivre les événements concrètement sans anticiper tout ce qu'on pourrait imaginer et même plus…

- Une douleur ou une blessure régulière ou difficile à soigner est une question posée. Trouver sa signification fait partie du soin.

- Lorsqu'on a trouvé les soins qui conviennent, resté confiant en les poursuivant. Ne pas changer régulièrement d'avis, ni de soignant, ni de traitement…

- Plus on est serein, plus la blessure guérit rapidement.

Courir émerveillé

- Être positif a des effets favorables sur la vie et les entraînements. Ne pas se laisser mener par l'humeur et les variations du moment : il est possible de changer en toute situation.

- Le corps est un marqueur des fluctuations psychiques. Il est à la fois un indicateur de tensions et un objet de travail idéal.

- Nous ne pouvons pas maîtriser tous nos rythmes biologiques ni tout ce qui se joue dans notre inconscient. Ne soyons donc pas surpris si, parfois, nous ne pouvons pas expliquer tous nos sautes d'humeur. Il faut parfois un peu de temps pour les comprendre.

- Considérer combien le fait de pouvoir courir procure de la joie. C'est trop souvent lors d'une blessure que l'on se rend compte de cette chance !

- Profiter de l'environnement dans lequel on court, en portant un regard curieux sur celui-ci.

- Être à l'écoute de sa respiration pendant la course et les étirements. Porter son attention sur le bien-être procuré par une bonne respiration. Ne pas hésiter à ralentir sa course pour mieux sentir tout son corps. Prendre conscience de son unité.

- S'émerveiller tout simplement de tous ces petits riens qui permettent de faire le plein d'énergie et d'apprendre à être positif…

La visualisation

- Ne jamais oublier que toutes les images qui viennent à l'esprit sont justes. Par conséquent, ne pas chercher à faire de jugements de valeur, ni à savoir si elles sont cohérentes, ni à les interpréter ou leur donner une signification.

- Avoir confiance en l'exploitation des images.

- Prendre toujours en compte le trouble dont on souffre. Que le problème soit physique ou psychologique, on doit y faire face.

- Ne jamais négliger l'effet de son trouble sur ses rythmes biologiques. Quand nous sommes malades, nos rythmes naturels s'accélèrent ou ralentissent. Dans le travail de visualisation, le principe consiste à utiliser un rythme inverse du sien. Par exemple, si l'on souffre d'un rythme trop rapide (stress, angoisse…), on fait appel à des images apaisantes.

- On peut utiliser une approche paradoxale. Confronté à un problème, on a souvent tendance à fuir. Le paradoxe consiste donc à aller au-devant du trouble et de faire avec lui ce qu'on n'aurait jamais imaginé possible, à savoir l'accueillir, lui souhaiter la bienvenue et se fondre en lui.

- Suivre son guide intérieur ! Quoi qu'on découvre, quelles que soient la réponse ou les instructions reçues, pour tirer profit de cette démarche, il faut l'appliquer dans la réalité de tous les jours et la vivre.

• Ne pas se comparer à qui que ce soit…

Courir relâché

• Être à l'écoute du corps et de l'esprit. Se constituer des critères indicateurs de relâchement ou de tension.

• Apprendre à repérer les tensions corporelles apparues dans les heures précédant l'entraînement ou au cours de celui-ci, en établissant un bilan des causes stressantes.

• Au besoin, faire un peu de relaxation avant l'entraînement, en privilégiant la respiration, non pas pour s'endormir mais pour faire une régulation tonique.

• La régulation tonique : sentir ses pieds (le contact de la plante avec le sol), son bassin tonique (abdominaux, fessiers), ses épaules relâchées ainsi que ses bras et ses mains.

• Lors du footing, se concentrer sur ses sensations et aller au rythme de la forme du jour… Faire régulièrement le point sur les critères relâchement/tension.

• Pendant les éducatifs, considérer par exemple ces critères :

✓ Le visage : Les joues sont-elles relâchées ? Le contour des yeux et le front sont-ils plissés ?

✓ Les épaules : Sont-elles bloquées ? (Parfois les mains bougent, les avant-bras aussi, mais les épaules très peu…)
✓ La respiration : Comment est-elle ? Lente, plus rapide que d'habitude, bloquée… ?
✓ Le bassin : Comment votre placement est-il ?

• Pendant une séance, faire régulièrement le point sur ces critères car, souvent, le simple fait d'y penser détend la zone tendue. Certaines tensions proviennent de déséquilibres anciens de la posture (blessures, mauvais gestes…) ou de tensions nerveuses… Ne pas hésiter à consulter un spécialiste.

La respiration

• La respiration est un mouvement naturel. On peut avoir l'illusion qu'il n'y a qu'à laisser faire. Mais c'est oublier la première caractéristique de l'être humain : l'apprentissage. On apprend et on oublie. Donc, rien n'est jamais acquis !

• La respiration est le passage obligé de toutes les techniques de relaxation ou philosophies en quête d'une unité corps-esprit. Il s'agit donc de bien respirer en accord avec soi-même et l'environnement.

• Il existe un lien fort entre la respiration et les émotions. Qui dit *lien* dit va-et-vient et non pas sens unique. L'anxiété accélère la respiration.

Mal respirer est une source de fragilisation psychique.

- La respiration n'est pas isolée du reste du corps. Les tensions musculaires, qui sont sources de fatigue, de blessures et d'asphyxie du corps, peuvent également toucher les muscles de la respiration. Ne pas hésiter à se poser confortablement (assis ou allongé) dans un endroit calme pour détendre tout le corps.

- Ne pas forcer la respiration. Se concentrer avant tout sur les sensations et sur les organes de la respiration : la cage thoracique, le ventre, la bouche, le nez… Ne pas la modifier. Ne penser qu'aux sensations.

- L'ensemble du corps étant détendu, inspirer lentement en sentant le parcours de l'air depuis le nez et la bouche jusqu'aux poumons et muscles. Contracter les abdominaux – rentrer le ventre – à l'expiration. Ne surtout pas bloquer la respiration.

- Intégrer la respiration à l'entraînement. Penser à coordonner ses mouvements avec la respiration lors d'exercices tels que les abdominaux et les étirements. Pendant le travail des pieds, lors du footing ou lorsqu'on s'éveille aux sensations, la respiration aide à maintenir l'unité corporelle…

La récupération

- Ne pas attendre d'être fatigué ni blessé pour placer des séances de régénération. En profiter pour aller voir un kinésithérapeute, un ostéopathe, un sophrologue, un kinésiologue, un magnothérapeute ou un diététicien.

- Écouter les signaux du corps et faire des mini-bilans pour, éventuellement, rééquilibrer les erreurs : au niveau de la diététique (alimentation, boisson...), du temps de récupération ou autre.

- Sentir et contrôler son bassin, à l'arrêt au sol, debout, puis en courant. Renforcer les abdominaux, les obliques, les lombaires et les fessiers. Relâcher les épaules à l'arrêt puis en mouvement.

- Changer ses habitudes, en agissant sur le temps (prendre plus de temps pour soi, modifier les horaires d'entraînement...) et/ou sur l'espace (changer de lieu d'entraînement...), ou en étant créatif. Travailler à différentes intensités de course, même inhabituellement lentes.

- Placer des séances spécifiques à part entière, ou intégrer des exercices techniques à l'échauffement, ou bien faire des lignes droites techniques après le footing.

- Apprendre à se détendre et à coordonner sa respiration avec les exercices de renforcement musculaire. Intégrer ces fondamentaux techniques dans des exercices globaux de course, puis au footing et aux séances de course.

- Changer de sport : vélo, natation, cours de gym…

Du pH dans l'émotion

- Une substance est plus ou moins acide ou alcaline. Son degré d'acidité dépend de sa concentration en ions d'hydrogène (H^+) et s'exprime par le symbole pH. Ce pH peut se déplacer sur une échelle variant de 1 à 14, l'extrême acidité se situant près de 1, l'extrême alcalinité près de 14, et la neutralité étant à 7. Une légère variation du pH sur cette échelle correspond à une modification importante de concentration en H^+ et donc à un déplacement vers l'acidité ou l'alcalinité.
  Le pH normal du sang humain est de 7,35 et son amplitude va de 7,28 à 7,42. Lorsque le pH passe d'un extrême à l'autre, la personne risque de tomber dans le coma, voire de mourir s'il est en dessous de 6,95 ou au-dessus de 7,7.

- Lorsque le pH est normal, l'hypothalamus (notre cerveau émotionnel) est approvisionné par un sang qui favorise ses possibilités normales de réaction (réponses appropriées). Lorsque le sang devient moins alcalin, il inhibe les réactions hypothalamiques et les décharges s'effectuent plus lentement. Si le sang devient plus alcalin, l'activité hypothalamique est suractivée, et les déblocages émotionnels sont alors accentués.

- Le pH sanguin est lié à l'alimentation. Globalement, les fruits et légumes apportent des sels minéraux qui accentuent la tendance alcaline. C'est une action primordiale de protection du psychisme.

- L'entraînement augmente l'acidité, ce qui est normal. Mais elle devra être éliminée par les mesures alimentaires dont nous reparlerons (boisson, fruits, légumes…), par la récupération active (un effort très modéré active les processus de récupération) et par les étirements.

- Le stress augmente également l'acidité et parfois de manière plus importante que l'entraînement. Là aussi, la récupération active et les techniques de relaxation sont intéressantes.

- Il existe des moyens simples pour tester son niveau d'acidité : un simple papier pH à tremper dans un flacon d'urine. Dix secondes suffisent. On peut ainsi suivre l'évolution du pH et contrôler si les sensations éprouvées correspondent à ce qui se passe dans le corps.

- Pour en savoir plus, se reporter aux deux excellents livres de Ph.-G. Besson, *Acide-base : une dynamique vitale* et de Ch. Vasey, *L'équilibre acido-basique* (Éd. Jouvence).

Apprendre pour progresser

- Ne pas se mettre de limites : « Je ne peux plus progresser », « Je ne peux plus apprendre ceci », « Ce n'est plus pour moi »…

- Se placer dans la peau d'un novice voulant toujours découvrir de nouvelles choses. Regarder le nouveau-né qui regarde tout, touche à tout…

- Éveiller ses sens pour s'ouvrir à l'apprentissage : on apprend en utilisant ses sens autant que son intellect.

- Être conscient qu'apprendre de l'entraînement, c'est aussi apprendre sur soi-même.

- Ne pas se contenter de ce que l'on connaît. Par exemple, envisager d'autres exercices abdominaux et d'autres étirements.

- La répétition reste cependant indispensable. Les nouveaux exercices doivent être faits régulièrement un certain nombre de fois.

- Se mettre en situation avec les autres : faire des séances en groupe ou sous l'instruction d'une tierce personne pour se mettre en situation imprévue, non calculée.

Courir l'été

- S'habituer progressivement à cette nouvelle saison, car le corps n'aime pas les changements brutaux. Avec la grande chaleur, la montée en température du corps est plus rapide et plus haute, ce qui est un facteur limitant. Il faut donc bien s'hydrater, ventiler et avoir des tenues qui aident le corps à bien évacuer la chaleur.

- Ouvrir grand ses yeux, admirer les lumières et les couleurs, humer les odeurs… Marcher les pieds nus… L'éveil des sens participe à l'éveil du corps et est un moyen de renforcer le psychisme.

- La chaleur se prête à la vitesse. En profiter pour parfaire ces qualités.

- On peut néanmoins maintenir ou développer son endurance. Alterner ses activités en changeant de sports : vélo, VTT, randonnées, natation…

- À la mer, faire ses propres séances de thalassothérapie. Marcher, courir ou nager dans l'eau de mer prépare les tendons et les muscles pour la saison. En montagne, utiliser les bienfaits de l'altitude en s'acclimatant grâce à de longues randonnées.

- La lumière du soleil a des effets positifs sur le psychisme. Ne pas fuir ses bienfaits en utilisant des lunettes avec parcimonie, par exemple.

- Ne pas bronzer idiot ! Lire notamment *Soleil vital* de D. Downing et J. Celle (Éd. Jouvence), afin de profiter au maximum des bienfaits du soleil et d'en éviter les méfaits.

Courir l'hiver

- Le corps doit toujours faire un effort pour maintenir les valeurs biologiques constantes : température, pH...

- Le froid peut provoquer des contractions réactionnelles. Il s'agit donc de bien s'échauffer – s'il le faut, à l'intérieur – car, trop souvent, on commence trop vite dans l'idée de se réchauffer. Après l'entraînement, se changer rapidement.

- Ne pas oublier de boire en quantité suffisante.

- Ne pas débuter trop rapidement afin d'habituer sa respiration à l'inhalation d'air froid.

- Ne pas négliger les étirements.

- Si le terrain est glissant (glace, neige, pluie), en profiter pour travailler ses appuis : faire des petites foulées, être dynamique sur ses appuis pour être toujours réactif et se parer à une éventuelle glissade.

- Veiller à ne pas avoir les organes des sens endormis : oreilles glacées, mains ankylosées, pieds souples comme du bois... Avoir les organes qui apportent les sensations nécessaires à la course permet de maintenir une bonne qualité de course et d'éviter bien des blessures !

Le bien par la course

Nous pourrions associer le Bien avec l'aspect de bien ou mal courir. Nous aborderons ceci dans les chapitres sur l'apprentissage et les fondamentaux de la course. Mais ces deux aspects ne viendront qu'en second. Nous analyserons tout d'abord le bien dans une perspective plus élevée de l'être humain. Ici, il n'est pas l'opposé du mal, il tend vers quelque chose, il est un mouvement vers cette chose, une attirance. Cette tension s'appelle le *désir*. La santé est le bien recherché par la médecine, la victoire est celui visé par la stratégie. Le bien est à l'origine du désir. Nous faisons des études pour avoir un bon travail. Nous avons un bon travail pour gagner de l'argent. Nous gagnons de l'argent pour fonder une famille…

Selon Aristote, l'on peut remonter ainsi à l'infini jusqu'à ce qu'il appelle le *bien suprême.*[3] Connaître

---

3. J. Vanier, *Le goût du bonheur*, Paris, Presses de la Renaissance, 2000.

celui-ci est de toute importance : si l'on ne s'engage pas dans cette recherche, on peut perdre facilement pied, à l'instar de certains jeunes sportifs professionnels qui, bien qu'ils exercent le métier dont ils rêvaient et gagnent beaucoup d'argent, sont désœuvrés !

On peut avoir de nombreux désirs. Les satisfaire permet de « s'éclater », mais parvient-on au bien suprême pour autant ? Il est évident que l'on avance par tâtonnements et à condition qu'on garde comme point de mire le désir le plus profond, celui qui unifie, qui contribue à l'accomplissement. S'arrêter au premier niveau peut revenir à courir pour gagner… un saucisson !

La clef de voûte du comportement humain est le désir du bonheur. Ce principe est le principe d'unité. Cette recherche participe d'une longue progression lors de laquelle on ne recherche pas les choses pour elles-mêmes mais pour ce vers quoi elles nous conduisent : le bonheur.

Il est normal, voire important, de trouver du plaisir dans une activité, mais ce plaisir doit être un élément qui fait avancer, qui récompense. Il s'agit donc d'envisager une forme de sagesse centrée sur l'intériorité.

La course, un mouvement naturel

*F*aisons un parallèle avec l'alimentation paléolithique qui se rapproche le plus possible de l'alimentation originelle de l'homme. Celui-ci étant à l'origine un cueilleur et un chasseur, son alimentation devait donc se rapprocher de ce mode de vie. En ce qui concerne le mouvement, il en est de même. L'homme n'était pas un sédentaire, il marchait, courait, sautait, portait et lançait – l'enfant pratique d'ailleurs naturellement toutes ces activités : à tout moment, il court, saute, porte et lance. Mais, peu à peu, courir a perdu de son naturel pour devenir une activité plus ou moins codifiée.

Parce qu'elle est naturelle, il faut entretenir la course à pied, mais cela ne signifie pas qu'il ne faille rien apprendre pour courir. En effet, l'on dit souvent que la course résulte de coordinations naturelles, sous-entendu que les choses se mettent en place d'elles-mêmes. Nous ferons deux objections à cette idée. La première, parce que l'apprentissage est une caractéristique de l'être humain – nous le verrons plus loin. Il est dès la naissance le plus démuni de tous les animaux et celui qui, toute sa vie durant, devra apprendre. Une activité naturelle ne signifie pas qu'elle se fasse en dehors de tout apprentissage. Sauf incident (physique ou psychologique), cette activité prend place au cours du développement normal de l'être humain grâce à un minimum de stimulations. Un apprentissage viendra ensuite enrichir et améliorer cette pratique. La seconde, parce que la course ne se résume pas uniquement à la mobilisation d'un corps, de quelques groupes musculaires, de deux jambes, deux poumons et un cœur.

Courir, c'est avant tout prendre une posture, celle de la course. Or, la posture est un juste rapport entre l'organisation des chaînes musculaires et l'esprit. Pour exemple, nous nous voûtons comme si nous portions toute la misère du monde dès que des problèmes viennent alourdir notre vie affective. La modification posturale ne consiste pas en un simple changement d'organisation musculaire, car elle est bien liée à la vie affective. Aussi, celle-ci entraîne-t-elle des changements posturaux qui changent à leur tour une organisation musculaire.

La course, un apprentissage

La caractéristique de l'homme est qu'il est un être vivant qui apprend grâce à ses sens et à son intelligence : il est corps et esprit. Toute sa vie est ainsi marquée. Lorsqu'un homme court, nous ne verrons pas une simple activité du corps mais la manifestation d'un être unique et global.

Nous avons déjà parlé de l'apprentissage de l'homme selon le modèle explicatif dit de la *boucle sensori-psycho-motrice.*[4] Une information entre par le niveau *sensori*, passe par tous les étages *psycho* (dans le cerveau) et finit au niveau *moteur* par une production : marcher, courir, sauter, parler… La richesse des informations présentes dans le milieu extérieur nous est perceptible via les organes des sens : nez, langue, yeux, oreilles, peau.

---

4. J.-P. Pes & D. Feldman, *Performances sportives et psychomotricité*, Genève, Éd. Jouvence, 1995.

Par le biais des hormones et du système nerveux autonome, les émotions agitent notre corps. Nos actions sont ainsi colorées par la teinte de nos humeurs.

Le monde perceptif fait l'objet de représentations conscientes et inconscientes. Nous voyons, ressentons et entendons les effets produits sur le milieu et sur nous-mêmes par chacun de nos gestes ou mouvements. Nous vivons nos expériences motrices grâce à nos sens. Comme R. Vittoz[5], nous définirons l'acte conscient non réflexif, c'est-à-dire dans la conscience et la maîtrise non cérébrales des activités sensorielles.[6] Par exemple, un son que je reçois ne va pas être interprété « intellectuellement », il sera reçu comme un « son pur », à savoir tel qu'il est avec ce qu'il procure en nous.

Insistons sur la conscience de l'activité par ce qu'elle provoque en nous. Comme l'ont démontré J.S. Carlson et K.H. Wiedl, « les adultes et les enfants négligent très souvent le contrôle de leur propre activité ; ils négligent la prise en considération de leur propre compréhension et, de ce fait, ne parviennent pas à obtenir un *feed-back* interne suffisant concernant leur propre performance ».[7]

---

5. R. Vittoz, *Traitement des psychonévroses par la rééducation du contrôle cérébral*, Paris, Téqui, 1992.
6. C. Jegge, *Présentation des exercices du Docteur Vittoz*, Paris, Téqui, 1993, p. 23.
7. J.S. Carlson & K.H. Wiedl, « Principes de l'évaluation dynamique : l'application d'un modèle spécifique », in F.-P. Büchel, *L'éducation cognitive*, Neuchâtel, Delachaux et Niestlé, 1995, p. 236-237.

Si un problème dans le secteur *sensori, psycho* ou *moteur* survient, l'ensemble des secteurs est touché. Si nous sommes blessés à une cheville (au niveau *moteur*), notre appui au sol se modifie, nos sensations – tactiles sous la plante du pied, proprioceptives de la cheville… – sont différentes (niveau *sensori*) et le cerveau analyse la situation avec des informations perturbées (niveau *psycho*). La production est alors nouvelle et différente. Le circuit de rétroaction renforce un apprentissage incorrect. Dans le cadre de notre exemple, nous continuons de boiter alors que nous n'avons plus mal. Les modifications dans les étages peuvent de ce fait perdurer.

Si monter les genoux à l'échauffement ne sert pas beaucoup pour la pratique d'autres sports, les sensations de la pose du pied au sol, du placement du bassin, du positionnement du buste et du relâchement des épaules sont tout à fait transférables dans d'autres activités.

S'émerveiller tout simplement de tous ces petits riens qui permettent de faire le plein d'énergie et d'apprendre à être positif.

L'unité dans la course

Cette conception sensori-psycho-motrice est une première étape vers l'unité. En effet, chacun des niveaux est important et retentit sur l'autre. Il s'agit d'une conception globale de l'être humain. Mais cette unité ne se limite pas à l'individu lui-même. Sans sensation, il n'y a non seulement pas de connaissance, mais également pas de vie. L'homme se nourrit d'informations. Donc seul, il n'est plus un homme. Cette conception globale suppose l'individu et son environnement.

Il s'agira de considérer dans l'entraînement les interactions permanentes entre le corps et l'esprit. Car si le langage courant intègre parfois cette notion d'unité, dans notre quotidien, la séparation est encore très présente.

Suite à une journée de travail stressant, nous choisissons le soir de faire travailler notre corps. Après que le « cerveau » a été mis en jeu, les « jambes » prennent le relais !

Même si l'on court pour se sentir mieux dans sa tête, l'entraînement n'est pas le remède miracle au stress. Il est important de savoir ce qui se passe pour utiliser au mieux son entraînement.

Toutes nos fluctuations psychiques laissent une trace dans le corps. Celles-ci sont plus ou moins importantes. Mais sous quelles formes apparaissent-elles ?

Les modifications se situent sur le plan physiologique – nous connaissons tous les changements de présence de magnésium dans la cellule lors des crises de spasmophilie, par exemple – ainsi que sur les plans tonique et sensoriel.

Le tonus est le niveau de contraction de nos muscles. Cette tension est variable au cours d'une journée ou d'une vie et en fonction des individus. Elle est présente à la fois dans les muscles squelettiques et dans nos organes qui sont des muscles lisses. Aux fluctuations de notre psychisme vont correspondre des modifications toniques. Ainsi, lorsqu'après notre travail, nous arrivons pour nous entraîner en pleine nature, sur le macadam ou la piste, nous ne sommes pas vierges sur le plan psychique, ni sur les plans tonique et sensoriel.

Globalement, une hypertonie générale ne signifie pas que tous les muscles du corps sont tendus. Certaines zones sont hypertoniques ; d'autres sont hypotoniques, elles manquent de tonus.[8] Par exemple,

---

8. J.-P. Pes, *Être tonique*, Éd. Jouvence, 2004.

nous pouvons ressentir des tensions musculaires dans le haut du dos, dans la nuque, et avoir un affaiblissement du tonus de la ceinture lombo-abdominale. Ces changements peuvent apparaître rapidement ou se mettre en place sur un temps assez long. Il est donc important, avant un entraînement, de prendre conscience de l'état psychique dans lequel nous sommes. Avons-nous de nombreux soucis en tête ? Nous sentons-nous fatigués ? Sommes-nous physiquement avachis lorsque nous nous asseyons ? Ressentons-nous des douleurs au niveau de la nuque, des muscles dorsaux, du bas du dos et du ventre ?

Les jours où ces phénomènes sont exacerbés, nous ne devons pas commencer un entraînement trop dur rapidement. Il est préférable d'augmenter le temps d'échauffement, de débuter par des intensités assez faibles. On diminue l'allure de la course et on prend bien le temps de s'étirer. La respiration doit rythmer tous les mouvements. Des exercices de prise de conscience corporelle sont tout à fait appropriés.[9]

Même si notre séance se résume à un footing, l'échauffement est possible. En respectant ceci, l'entraînement ne risque pas d'être un nouveau stress qui, de nature physiologique, se rajouterait à un stress psychique.

Nous obtenons ainsi une *meilleure régulation tonique*, c'est-à-dire un bon équilibre du tonus.

---

9. J.-P. Pes, *8 minutes pour être en forme*, Éd. Jouvence, 2005.

Ainsi, nous comprenons mieux que tout est important à commencer par nous-mêmes car, selon notre postulat de départ, la personne la plus importante, c'est soi-même.

À partir de la conception d'unité véhiculée par les philosophes grecs, oubliée par les Temps modernes et redécouverte par la science actuelle, nous pourrons appréhender les différentes situations de l'entraînement. Que l'on cherche à améliorer ses performances, à se faire plaisir, à être en forme ou à partager de bons moments entre camarades, le point de départ est donné par Socrate car ne peut-on pas trouver meilleur programme qu'un « connais-toi toi-même » par la course à pied ?

La sensation de courir

A pprendre un geste selon notre conception ne consiste pas à connaître une succession de mouvements de différents groupes musculaires, mais à savoir ressentir le geste que l'on souhaite exécuter. Apprendre à courir ne signifie pas, pour nous, de tenter de ressembler à un modèle parfait, sous-entendu sur le plan biomécanique. Certes, l'on peut calculer et dessiner sur ordinateur ce que devrait être le mouvement le plus efficace. Mais ces études, aussi intéressantes soient-elles, ne s'adressent qu'à un corps mécanique, sans esprit…

Nos postures sont la résultante de notre morphologie (et de ses avatars : blessures…), de notre physiologie (forme, fatigue, dysfonctionnement énergétique…) et de notre vie affective. Or la course demande des postures équilibrées. Apprendre à courir consistera donc en l'apprentissage des sensations de la course. Celles-ci seront le plus souvent fonction des fondamentaux de la course que nous verrons plus loin.

Tous les sens peuvent participer à la course. Il y a les sensations des appuis au sol, qui dépendent de notre pose de pied et des sols sur lesquels nous évoluons. Ces sensations de la peau ne se localisent pas uniquement à la plante des pieds. Tout le corps peut y participer : la température, le vent, la pluie sont des conditions extérieures qui éveillent celui-ci.

Notre regard participe à la pose des pieds et à toute notre posture. Faisons le test lors d'une flexion des jambes sur place. Si notre regard est dirigé vers le bas devant nous, notre bassin risque de partir vers l'arrière et nous sommes déséquilibrés vers l'avant. En revanche, si nous regardons droit devant vers l'horizon, nous gardons plus facilement notre bassin en place et notre corps équilibré. Des chercheurs ont d'ailleurs montré le rôle organisateur du maintien de la posture des bébés grâce au regard.[10]

La vision ne sert pas qu'à courir. La course à pied permet de découvrir les sous-bois, les arbres et leurs couleurs changeant au fil des saisons. Même en repassant aux mêmes endroits, on peut encore s'émerveiller de l'environnement défilant devant les yeux.

Nous pouvons sentir l'air qui entre et sort par le nez.

---

10. J.-P. Pes & D. Feldman, *La latéralité*, à paraître.

Il y a aussi la sensation de la respiration en accord avec son rythme, sa foulée. Celle de l'air frais, humide ou chaud, à redécouvrir à chaque course.

Ce sont également les odeurs de la terre humide, les senteurs des arbres… La sécheresse de la gorge, le goût de la salive, autant de sensations qui varient en fonction de notre forme, des conditions extérieures et de la difficulté du parcours.

On peut « écouter » sa foulée sur le sol : un appui lourd, léger et bref, rapide… L'écoute, c'est aussi le bruit du vent dans les branches, les oiseaux qui jouent à cache-cache.

Outre les cinq sens habituels, les neurophysiologistes considèrent parfois un sixième : la *proprioception,* à savoir les sensations du mouvement. Toutes les articulations – la cheville, les genoux, le placement du bassin, le balancement des bras… – lui donnent un rôle d'unificateur.

Les sens permettent non seulement de se connaître soi-même, mais aussi de s'éveiller à l'environnement, qui est d'ailleurs une source de régénération.[11]

---

11. J.-P. Pes, *Se régénérer le corps et l'esprit*, Éd. Jouvence, 2000.

Les sens permettent non seulement de
se connaître soi-même, mais aussi de s'éveiller à
l'environnement, qui est d'ailleurs
une source de régénération.

Courir avec intelligence

Au sixième sens des neurophysiologistes nous préférons le sens commun aristotélicien. L'homme est doué d'une intelligence conceptuelle. Il est capable d'abstraction. Son intelligence donne à sa vie une puissance intérieure qui lui permet de réfléchir sur lui-même, de se connaître et de connaître les êtres extérieurs grâce aux données sensibles perçues. L'homme appréhende le monde à la fois par ses sens et son intelligence.

Les données sensibles sont nécessaires : elles résultent des propriétés réelles des choses. Ces propriétés causent des effets dans nos organes sensoriels qui nous communiquent les formes sensibles des choses. Autrement dit, la chose perçue reste là-bas, en son lieu : elle ne pénètre pas en moi (voir un arbre ne signifie pas l'avoir dans l'œil !). Ce sont ses qualités sensibles (couleurs, sonorités, douceur ou rugosité...) qui sont reçues, à partir de quoi l'intelligence élabore progressivement la connaissance de la chose, ce qu'elle est.

L'animal n'a que des impressions sensibles, il ne sait pas ce qu'est la chose, ni même que c'est une chose. L'intelligence est d'abord réceptive par rapport aux données : elle les considère progressivement, partant d'une première notion, juste mais incomplète, pour établir un concept plus complet. Le perfectionnement du savoir provient toujours de données récoltées par les sens ! Le processus par lequel je saisis la nature de l'être, c'est l'abstraction, qui consiste à découvrir ce que c'est que la chose sensible perçue par mes sens.

Nous distinguons donc la sensation de l'intelligence : si la première est purement réceptive, la seconde s'applique aux données pour faire passer à l'acte ce qui est intelligiblement déterminable en elles. Parce que distinguer ne signifie pas séparer, ces deux fonctions restent unies dans notre être. Ce n'est pas l'intelligence qui connaît, ni la sensation, mais l'homme entier par l'une et l'autre.[12]

Chaque jour, notre forme physique et psychique est différente. Nous avons ou pas des douleurs, des raideurs, des tensions, qu'elles soient physiques ou psychiques. Les sens permettent à notre intelligence de connaître ces différents états et, ainsi, de mieux nous connaître et d'être plus attentifs.

---

12. L. Millet, *La vie a-t-elle un sens ?*, Paris, Téqui, 1997.

Sensation et conscience

Nous avons vu que nous pouvons sentir ce que nous faisons, voyons, entendons... Ce sentir immédiat n'est pas l'acte sensible du sens. Il est l'acte d'une autre puissance sensible qui est commune aux cinq sens, à savoir le *sens commun* (qui saisit aussi les propriétés communes des sensations comme le mouvement). Il est à la fois conscience des sensations et de leurs différences.

Ainsi, on peut définir une véritable conscience sensible. S'il existe un sens qui nous permet non seulement de sentir, de voir, d'entendre et de toucher, mais aussi de sentir que nous sentons, de percevoir que nous sommes en train de voir ou d'entendre, de ressentir une piqûre ou une brûlure, alors ce sens nous rend conscients de nos perceptions. Si nous sentons une piqûre et si nous sentons que nous sentons cette piqûre, nous en sommes alors conscients et nous en souffrons.

Le sens commun joue le rôle d'une conscience sensible en faisant office de *réflexivité de la sensibilité.* Grâce à son rôle centralisateur de toutes les connaissances sensibles, grâce à son intériorité et à sa « distance » par rapport aux sens externes, et grâce à sa possibilité de percevoir l'acte même de chacun des autres sens, il rend la sensibilité consciente des sensations. Ce sens commun manifeste dans la diversité des sensations l'unité du sujet qui, ici et maintenant, sent, discerne, compare et est conscient. Rappelons ici que nous ne percevons pas cette unité séparément, puisque l'homme est corps et esprit.

Le sens commun est le centre de convergence – parce qu'il en est le point de départ – de toutes les activités sensibles. Si nous avons conscience de nos sensations, ce ne peut donc être que par le moyen d'une impression nouvelle et par le biais d'un organe nécessairement autre.[13]

Le sens tout seul ne distingue rien, il sent. Mais en sentant qu'il sent, l'homme doué du sens commun prend conscience de l'autre. Cette conscience n'est pas fermée sur soi, mais elle est ouverture aux autres.

---

13. P. Chalmel, *Biologie actuelle et philosophie thomiste*, Paris Téqui, 1984.

L'intériorité

Qui dit unité dit intériorité. Dans l'échelle des vivants, tout gain en complexité et en perfectionnement s'accompagne d'un gain en intériorité.

Le travail sur l'intériorité demande du temps et de la patience. Il faut des années pour qu'un individu puisse disposer de l'ensemble de ses compétences et parvienne à la maturité, c'est-à-dire à l'achèvement de ses fonctions de base. Le développement psychologique, tout comme la formation intellectuelle, culturelle, morale et religieuse, demande du temps. Ce qui est reçu à 12 ans sera souvent mis en œuvre plus tard.[14]

Lorsque l'intériorité est pauvre, elle laisse place à l'impulsivité et permet aux représentations premières de s'exprimer, puisque rien ne structure le dedans. Une preuve en est parfois l'importance

14. T. Anatrella, *La différence interdite*, Paris, Flammarion, 1998.

démesurée accordée au corps. Il n'est dans ce cas que le seul représentant de l'identité.

Comment naît cette intériorité?

Pour Aristote, celui qui voit a conscience qu'il voit. De même, celui qui écoute sent qu'il écoute. Celui qui marche sent qu'il marche, et ainsi de suite. Il y a quelque chose qui nous permet d'avoir conscience que nous sommes en activité de telle sorte que nous percevons que nous sentons et pensons. Or, percevoir cela, c'est sentir que nous existons, l'existence étant sensation et intelligence.

Cette conscience de soi est une expérience de vie. Nous sommes loin de la conscience de soi recherchée par certains philosophes modernes. Dans ce cas, nous sommes nous-même la seule référence, comme le suppose ce type d'expression: « Chacun a sa vérité! » ou comme on peut l'observer dans toutes les pratiques actuelles, notamment sportives, où l'activité a pour principale finalité d'avoir un corps, qu'on montre ou que l'on éprouve dans des conduites à risques. Celles-ci peuvent l'être pour notre propre santé à cause d'efforts violents et peu appropriés, ou à cause de pratiques mettant en péril notre vie ou celle des autres (activités de plein air en montagne, par exemple).

Le vide permet d'atteindre la conscience de soi comme l'indiquent certaines mystiques orientales. Il y a peut-être une forme de conscience de soi dans le vide, mais ceci n'est pas la vision d'Aristote.

La conscience de soi provient de la présence de l'objet désiré. L'homme a besoin d'un objet hors de lui pour s'actualiser, pour être pleinement vivant et avoir conscience de vivre et d'exister. Il tend vers quelque chose et cet élan s'appelle le *désir*. On peut désirer de la nourriture, des boissons, des relations sexuelles… sources de plaisir. Désir et plaisir sont intimement liés. Le second jaillit du désir rassasié, qui atteint son objet, son bien.

L'homme, être de désir, est donc orienté ou conçu pour le plaisir. Pour Aristote, le plaisir est un achèvement de l'activité, il la couronne et la rend plus parfaite.

Les désirs sont plutôt chaotiques, excessifs ou défaillants. Il s'agit d'énergies bouillonnantes qu'il faut maîtriser, car les suivre ne peut mener qu'à l'éclatement et à la dispersion. Le désir le plus unifiant est celui qui aide à trouver son accomplissement. Aristote nous invite à scruter en nous-mêmes ce qui nous attire, mais aussi à discerner le superficiel du profond, à faire le tri et la lumière sur ce qui nous habite au plus intime.

L'homme est un être de raison !

Il s'agit ici de trouver un accord entre le corps et l'esprit,
de mieux se connaître par le travail technique,
de redécouvrir le mouvement naturel,
celui qui est le mieux adapté à chacun de nous,
d'être aussi plus efficace, de prévenir les blessures
et d'avoir plus de plaisir.

Savoir où aller

Le logos, selon Aristote, désigne à la fois l'intelligence qui saisit intuitivement les principes et l'intelligence discursive, qui raisonne à partir des principes. Le logos est une lumière qui permet de contempler, de comprendre, de raisonner, d'ordonner, de nommer, de commander et de régler. Il ne relève pas seulement de la raison (l'intelligence discursive), mais est aussi un principe intérieur à l'être humain, qui lui sert à comprendre.

Le logos est une lumière intérieure qui perçoit celle des autres, permet de devenir autonome et de se gouverner.

Il s'agit d'ouvrir la partie désirante à la raison, au logos, afin qu'elle soit comme imbibée et imprégnée d'intelligence. Pour tout ce travail, l'éducation est importante, parce qu'elle nous oriente et parce qu'elle est déterminante dans notre rapport au plaisir. « *Aussi faut-il dès l'enfance avoir été amené,* comme dit Platon, *à trouver joie et peine là où il convient : c'est la véritable éducation. Ce n'est pas sans importance d'acquérir dès la jeunesse telle ou telle habitude – c'est même très important, ou plutôt c'est de toute importance.* »

En langage moderne, nous dirons qu'il s'agit d'apprendre à vivre, à ressentir nos émotions. Or, courir est une source de découverte d'émotions « simples » qui rendent heureux tout simplement… Ces plaisirs ne sont pas un aboutissement en soi mais ce qui énergétise pour aller plus loin.

Il s'agit de connaître et de hiérarchiser les biens car, tel un archer, on vise d'autant mieux quand on a l'habitude de la cible. Cette métaphore d'Aristote, dite de l'archer, est pertinente. Tant de personnes ne s'intéressent pas à la cible, c'est-à-dire à la fin ultime de leurs actions ! Elles sont mues par ce que tout le monde veut, comme si leur famille, la société ou les médias imposaient leur culture. Certes, elles veulent la réussite, le plaisir ou les honneurs, mais sans savoir « pourquoi ». Elles sont prises par des projets à court terme qui les empêchent de réfléchir sur le but et le sens de la vie humaine.

Chacun doit y réfléchir. Cela demande bien sûr une certaine maturité, une capacité de réflexion et de remise en cause ainsi que le désir, vrai, d'être pleinement humain.[15]

---

15. J. Vanier, *Le goût du bonheur*, éd. citée.

Les fondamentaux de la course[16]

Souvent, on pense que la technique est une affaire de professionnel et que, même si elle est importante, elle ne nous concerne pas. Ce sont là de fausses représentations.

Selon la pensée matérialiste, le corps serait un empilement et un enchevêtrement de différents tissus (os, muscles…) : chaque mouvement est découpé en une succession de déplacements de segments corporels. Ainsi, sont apparues des sciences telles que la biomécanique. Grâce à la technologie, l'analyse du mouvement est plus fine et l'image du geste réalisé peut être comparée à un geste dit idéal. Par exemple, en mesurant la puissance musculaire d'un sujet, on peut dessiner la manière dont il

16. J.-P. Pes, « Une meilleure technique de course pour une meilleure pratique de la course », *VO2 Magazine*, n° 151, octobre 2003, p. 62-63.

devrait courir pour avoir une foulée de 2,10 mètres au lieu du 1,80 mètre habituel. La pose du pied, la hauteur du genou, le positionnement du buste… tout peut être calculé.

Même si ces recherches apportent des informations intéressantes, l'application sur le terrain présente un manque de recul par rapport à ce qu'est le mouvement humain. Se tenir debout, marcher ou courir n'est pas uniquement un modèle mécanique, c'est aussi un état d'esprit. Mon attitude mentale s'exprime via la posture. Mon corps réalise ce que j'ai programmé dans ma tête, est aussi dépendant de mes humeurs du moment.

Ainsi la technique, selon nous, n'est pas un affinement, un réglage poussé à l'extrême et réservé à des professionnels tels que les préparateurs d'une Formule 1 s'afférant pour ne négliger aucun détail. Il s'agit ici de trouver un accord entre le corps et l'esprit, de mieux se connaître par le travail technique, de redécouvrir le mouvement naturel, celui qui est le mieux adapté à chacun de nous, d'être aussi plus efficace, de prévenir les blessures et d'avoir plus de plaisir.

Situons le sujet avant de passer aux exercices pratiques.

La technique

La technique sportive correspond à une succession de coordinations motrices idéales. On entend par là, la manière la plus rationnelle, la plus économique et la plus adaptée pour réaliser un geste. On dit souvent de tel ancien sportif qui pratique à nouveau : « Il n'a plus la condition physique, mais il a toujours sa belle technique. » La maîtrise technique comme domination de la motricité semble rester présente dans les conditions difficiles de compétition, voire avec l'érosion de l'âge… Ceci n'est pas tout à fait vrai car, comme toute aptitude, elle est dépendante des autres composantes de la performance.

La technique se résume-t-elle uniquement au bon geste dans telle ou telle discipline ?

Nous répondons par la négative. La technique répond aux lois de l'apprentissage psychomoteur. Si le message est correctement capté par nos organes des sens et bien traité par notre cerveau, il y aura une bonne réalisation motrice – tout ceci en fonction de l'adaptation personnelle inhérente à tout individu. Bien souvent, cet aspect technique est perçu comme une construction purement mécanique, alors qu'il doit être placé dans le cadre de la posture humaine.

La posture

Les mouvements, actions et comportement sont propres à chaque personne. Ils sont soutenus par un tonus musculaire bien spécifique et individuel. Ce tonus se caractérise par une efficacité, par une élasticité fonctionnelle, par une souplesse finement coordonnée de la musculature sous la conduite d'une régulation visant à obtenir l'interaction harmonieuse des innervations. Ce « bon tonus » est caractéristique d'une bonne intégration des attitudes et des mouvements.

Un muscle ne travaille pas séparément des autres dans l'exécution d'un mouvement. Et ce dernier ne peut pas être exécuté sans que la posture lui assure une stabilité. Une modification à un niveau perturbe tout le système qui est obligé de compenser pour rétablir l'équilibre. Prenons l'exemple d'une blessure à l'épaule qui me fait perdre l'amplitude de l'articulation. Je peux me dire que cela ne va pas m'empêcher de courir car mes jambes, elles, sont intactes ! Or, la perte d'amplitude de l'épaule, par le jeu des synergies, réduit l'amplitude de la hanche opposée à l'épaule. Toute ma posture est affectée et, si je ne suis pas prudent pendant l'entraînement, je peux finir par me blesser une jambe.

Lorsque le tonus est fluctuant, mal réglé, il apparaît des troubles correspondants : certaines insuffisances motrices, une grande discontinuité de l'humeur, de la fragilité ou du désordre dans l'accommodation affective et intellectuelle.

La posture n'est pas qu'une affaire de muscles, elle concerne la personne humaine dans sa totalité. Faisons l'expérience suivante : surprenons-nous la mine renfrognée, le front plissé, les épaules basses et le dos voûté. En général, des préoccupations nous embarrassent l'esprit. Pensons alors à une image positive. Gonflons le torse en respirant. Projetons les épaules en arrière. Sourions. Aussitôt, notre posture change ainsi que notre tonus. Nous nous sentons alors plus aptes à entreprendre quelque chose, à aller de l'avant.

Le mouvement se situe au sein d'un système dans lequel tous les éléments sont en interaction et constituent une totalité ayant un but à atteindre dans le temps et l'espace. Le mouvement n'est donc pas indépendant de l'attitude posturale. Les parties de l'ensemble moteur, interactives, sont organisées vers un but, faisant l'objet d'autoréglages, et intégrées dans l'action psychosomatique de l'organisme.

Une bonne régulation tonique permet une posture équilibrée, une meilleure coordination, une plus grande indépendance des membres supérieurs et une respiration plus ample. [17] Le corps est alors mieux maîtrisé et a plus de répondant.

Parce que la posture consiste à se tenir prêt à l'action, nous prendrons soin d'étudier et de réaliser des postures correctes.

Le début

La technique est trop souvent réduite à un ensemble de mouvements à réaliser. L'important n'est pas l'aspect mécanique du mouvement, mais la façon dont il est réalisé, ce qui est senti. La prise de conscience de ce que l'on fait est capitale : se rendre compte des aspects physiques liés aux aspects psychiques lors d'un mouvement.

Les questions reviennent souvent sur l'âge, la difficulté, le type de discipline.

---

17. J.-P. Pes & D. Feldman, *Performances sportives et psychomotricité*, éd. citée.

Il s'agit d'un apprentissage. Il est donc intéressant de débuter dès les premiers entraînements – sans croire en la dérive, apparue il y a quelques années, indiquant qu'il y a une limite d'âge pour apprendre telle ou telle chose. On peut commencer à apprendre à tout âge. Les études de limite d'âge (pas que dans le sport) ne reposent que sur des études parcellaires considérant l'homme comme une machine programmée et non pas comme un être humain libre et unique.

Travailler la technique comme des gammes à réaliser un certain nombre de fois (« par cœur ») peut sembler être à la fois rébarbatif et réservé à une élite. Toutefois, s'investir dans ce type de travail en sentant ses mouvements, en découvrant son corps, est source de plaisir et d'épanouissement : c'est un objectif valable pour tous.

Naturellement, dans ce prolongement, nous dirons qu'il n'y a pas de discipline particulière pour travailler sa technique de course. Beaucoup de représentations ont caricaturé l'athlétisme avec, d'une part, ses sprinters, sauteurs et lanceurs techniques, et d'autre part, ses coureurs de demi et de fond pour qui seul l'aspect cardiovasculaire prévalait et qui se souciaient peu de la technique. Espérons que ces représentations disparaissent rapidement !

Aborder la technique de course c'est, bien avant le travail corporel, se libérer de représentations mentales. La technique permet de retrouver le mouvement naturel. Certains vont penser que s'il est naturel, pourquoi le travailler ? On l'a ou on ne l'a pas ! Pour leur répondre, il convient de mieux connaître le mouvement humain. Celui-ci repose sur le tonus musculaire (voir plus loin), qui n'est pas qu'une contraction ou un relâchement mécanique – sinon nous serions tous programmés et il y aurait très peu de travail possible. Ce n'est pas le cas. Le tonus est lié à notre état psychique. Il peut donc varier au cours d'une journée, dans le temps, en fonction d'une multitude d'événements. La technique de course est donc modifiable dans un sens comme dans l'autre.

Le tonus

Le tonus est une tension des muscles par laquelle les positions relatives des diverses parties du corps sont correctement maintenues et qui s'oppose aux modifications passives de ces dernières. Il est la trame de tous les mouvements et ne disparaît pas dans l'inaction. Il participe à toutes les fonctions psychomotrices (équilibre, coordination...). Si nous nous mettons en équilibre sur un pied, nous pouvons tenir la position un certain temps. Par contre, si nous nous contractons, nous allons très vite perdre l'équilibre. Le maintien de notre position dépendra du bon rapport tonique entre les différents segments du corps.

Le tonus est le support essentiel des communications non verbales. Nos mimiques, nos mouvements rapides et saccadés peuvent montrer notre agacement, notre impatience. Véhicule de l'expression des émotions, il se retrouve à tous les niveaux de la personnalité. Variant en fonction des événements (internes ou externes au sujet), il est un critère de personnalité. Pour mieux comprendre, tentons de nous souvenir d'un fait marquant, d'un propos déplaisant, qui aura pu nous faire perdre nos moyens physiques ou verbaux : sensation de baisse d'énergie (en réalité de tonus), d'inhibition... Ou, au contraire, d'un événement heureux avec pour effet la sensation d'une vitalité retrouvée.

Le sportif percevra plus facilement que quiconque les modifications du tonus, parfois très peu perceptibles, car son *outil* de travail est son corps. Prenons le cas précis de l'impact d'une déception sentimentale sur le tonus. Le sportif réagira avec une hargne inhabituelle, rendue possible par une augmentation du tonus. Pour un autre, la diminution du tonus s'exprimera par de grosses difficultés à maintenir la concentration requise ou l'intensité de l'effort demandé, si toutefois il se présente à l'entraînement ce jour-là !

Même sans problème particulier, le tonus varie au cours des activités, des journées, des semaines, des mois, de la vie. Au repos, la tension musculaire est basse, ainsi que le tonus musculaire. Dès le début de l'activité, la tension musculaire augmente, le tonus aussi. Ces modifications normales constituent ce que nous appelons le *niveau de base*. Il représente et caractérise l'individu. Mais l'intérêt pour le tonus ne s'arrête pas à une simple action mécanique localisée au niveau des muscles.

Le tonus se modifie au fil des actions. Cependant, il n'est pas réglé uniformément dans tout le corps. Nous pouvons avoir des tensions dans la nuque, avec le besoin de l'étirer, de la bouger. Il s'agit là d'une augmentation du tonus. Tonus en baisse dans la zone du bassin, tonus en hausse dans la zone des épaules, il peut se répartir différemment en fonction des événements (fatigue, blessure...) et d'autres facteurs comme ceux psychologiques (différents chocs émotionnels).

Lorsque le choc émotionnel est important, les perturbations se font persistantes et le tonus, excessivement bas ou haut au moment du choc, retrouve difficilement son niveau de base... Même si, à l'origine, seuls certains groupes musculaires sont affectés, l'ensemble de la musculature peut par voie de conséquence être modifié. C'est ce que nous appelons la *dérégulation tonique.*[18] La conscience de ces modifications toniques est fondamentale dans bien des situations. Elle n'est malheureusement pas systématique.

Les chocs entraînant des modifications toniques sont divers et en quantité importante. En fonction de son importance, le stress psychologique conduit lui aussi à la dérégulation tonique.

Chez le sportif, une blessure peut, si elle perdure, modifier la statique (phénomènes de compensation). Il arrive que les déséquilibres se maintiennent alors que la douleur a disparu. Les mécanismes douloureux sont complexes. Il ne

---

18. J.-P. Pes, *Se régénérer le corps et l'esprit*, éd. citée.

s'agit pas toujours de blessures ou d'éléments ayant une composante de gravité.

Le mouvement harmonieux implique une bonne régulation du tonus.

La coordination

La coordination est l'organisation contrôlant l'appareil moteur. Les actions musculaires se manifestent comme des dynamismes contraires et en équilibre. L'actualisation de l'un potentialise son contraire.

Nous savons que notre système moteur s'est organisé avec et contre les forces verticales de la gravitation. Il comprend deux grands sous-systèmes. L'un a pour but de maintenir la forme du corps dans ses limites physiologiques contre les forces mécaniques, principalement celle de la gravitation. L'autre agit pour modifier cette forme et la position du corps, afin de l'adapter à l'environnement.

La coordination est donc un juste réglage entre toutes les forces en présence, qui se situe dans la contraction tonique de tel muscle corrélé avec le relâchement au même moment de tel autre.

L'intégration technique

Tonus et coordination sont avec la posture les trois piliers de la technique.

Il s'agit de trouver les gestes qui sont les mieux adaptés à chacun, en fonction de sa morphologie (taille, poids, puissance musculaire) et de ses fluctuations mentales.

Trois niveaux fondamentaux sont à considérer. Une fois sentis, on peut les travailler à volonté :

- Le positionnement du bassin pour libérer la hanche et faciliter ainsi la montée du genou.
- La pose du pied afin qu'il puisse jouer un rôle tonique et faire une bonne poussée.
- Le relâchement des épaules pour permettre une bonne ventilation, possible si le bassin est bien placé et si l'appui est solide.

À partir de ces fondamentaux, chacun pourra réaliser différents exercices. Classiquement, à l'échauffement, on place des montées de genoux, talons fesses… Bien évidemment, le travail technique fait partie intégrante de l'entraînement, sans être exclusif. Le simple exercice de course – faire des lignes droites – constitue un excellent travail technique. On retrouve peu à peu des gestes plus naturels. Reposant sur le corps et l'émotion (par le travail sur le tonus), la technique de course, ensuite intégrée aux footings de plein air, nous met en phase avec nous-même et la nature.

La conscience corporelle et les sensations facilitent la maîtrise de ses gestes et de son énergétique. Sur le plan de la réalisation technique, de nombreuses tendinites proviennent de gestes mal exécutés. Courir sur des surfaces dures est traumatisant, surtout si la technique par le dosage des forces du pied et du bassin ne permet pas un bon ajustement à la surface. Par ailleurs, l'amélioration de la conscience facilite l'écoute de son corps, sert donc de prévention accrue.

Le travail technique est important quel que soit son niveau. On a trop souvent dit que la technique est la copie d'un modèle parfait, d'un geste idéal. Mais il n'en est rien. La neuropsychologie nous montre aujourd'hui que, pour arriver à un même résultat, de nombreux réseaux neuronaux différents peuvent être créés. Pour arriver à un même but, il est possible d'emprunter différents chemins. La technique n'est donc pas une tentative de copie d'un geste dit parfait et calculé sur un ordinateur. Elle consiste en la recherche de la meilleure adaptation possible d'un geste en fonction des caractéristiques physiologiques, morphologiques et psychologiques du coureur. Le travail technique n'est donc pas un plus, mais une manière de faire autrement, afin d'améliorer les performances dans la durée, de limiter le nombre de blessures et d'éviter la saturation en gagnant du plaisir.

Une blessure n'est pas une malédiction[19]

La place du mental dans la blessure, voilà une réflexion qui semble logique, mais dont les implications, voire « les utilisations », dans la pratique courante ne semblent pas toujours couler sous le sens.

Il est pourtant logique, lorsque l'on traite d'un sujet comme la blessure, de s'interroger sur le rôle du psychisme, du fait des liens précédemment décrits. Le va-et-vient permanent des informations allant du cerveau vers le corps et du corps vers le cerveau fait qu'un problème de ligament d'une cheville ne peut pas être uniquement perçu comme un simple problème de pied : une perturbation touche le corps et le cerveau. L'esprit ne peut pas être exclu même d'une simple histoire de ligament !

---

19. J.-P. Pes, « Pourquoi je me blesse ? », *VO2 Magazine*, n° 153, décembre 2003, p. 46-47.

Admettons, mais que faire ? Là, en guise d'explication, s'ensuit une longue course dans un sable fin sous une pluie battante, vent de face !

Pour mieux comprendre le couple psychisme-blessure, il est indispensable d'examiner les différents moments de la blessure. Cette analyse peut nous permettre de mieux situer la place du psychisme et de trouver les bonnes applications.

Nous déterminons trois temps relatifs à une blessure : avant, pendant et après.

Si l'on trace un axe, nous aurons d'un côté la santé, de l'autre la maladie. Au niveau de la santé, on cherchera à la maintenir ou à l'améliorer. Au niveau de la maladie, on cherchera à la prévenir.

Avant la blessure, c'est le temps où l'on maintient son état de santé et tente même de l'améliorer. Dans ce cas, à quel moment peut-on se blesser ? On se blesse quand on est fatigué physiquement. Lorsqu'on a une baisse énergétique, on se retrouve moins tonique. On s'affaisse sur ses appuis, ce qui peut occasionner un mauvais placement du bassin. On « tire » alors un peu plus sur les muscles… et on se blesse.

Dans le cas où la journée ou les jours précédant l'entraînement ont été stressants (souci professionnel, familial, social), il s'agit d'une fatigue psychique. Comme nous l'avons déjà dit par ailleurs, on ne va pas à l'entraînement pour se défouler même si parfois l'expression est employée. Car se défouler, c'est perdre sa foulée et lorsque l'on perd sa foulée, on se défait ! En général, en cas de tension psychique, le tonus passe d'un état hyper à hypotonique. En d'autres termes, on passe d'un état où l'on est plus tendu musculairement à un état où l'on n'est pas assez tonique. Il y a une modification de l'élasticité musculo-tendineuse. On risque alors la contracture ou le claquage musculaires dans la période d'hypertonus, et l'entorse ou une tendinite dans la période d'hypotonus.

Il est donc important d'être à l'écoute de soi. Chaque personne sait, elle seule, comment s'est déroulée sa journée. Même si sa mine ou ses réflexions traduisent son état d'esprit, elle ne devra rien attendre de l'entraîneur ni de ses amis. Elle doit se prendre en charge pour s'auto-évaluer : en étant consciente de son état, puis, si nécessaire, en s'octroyant un petit temps de relaxation avant l'entraînement ; en ne brutalisant pas son corps à l'échauffement ; éventuellement, en levant le pied, en recherchant les sensations, la souplesse et le relâchement ; au besoin, en allégeant ou modifiant la séance prévue. Ainsi, son entraînement sera profitable, ayant des effets sur le plan psychique : elle ne se sera pas défoulée, mais énergitisée !

La fatigue diminue les sensations, celles des appuis (plante du pied), du placement du bassin, de la respiration… Tous les niveaux corporels peuvent être affectés. Par exemple, un déficit proprioceptif peut provoquer des torsions et entorses de la cheville. Lorsque les sensations sous les pieds sont momentanément endormies, il y a moins de retour d'informations des récepteurs de la cheville via le cerveau, si bien qu'en cas de nouveau problème (un caillou par exemple), le cerveau ne réagit pas par faute de données. Aucune parade n'est mise en place... la cheville se tord.

Si l'on perçoit une perte des sensations, on peut envisager des exercices d'éveil sensoriel à faire pendant l'échauffement (nous le verrons plus loin).

Lorsque la blessure est là, l'état psychique contribue à améliorer ou à ralentir la guérison.

On veillera à ce que d'autres tensions ne s'ajoutent pas aux perturbations toniques, déjà sources de blessure (voir nos propos sur l'hyper et l'hypotonus). Celle-ci, une entorse par exemple, impose souvent de faire le point, et pas uniquement le bilan médical. Bien évidemment, ce dernier est indispensable, mais l'on peut également rechercher de l'aide auprès de spécialistes pour remonter à l'origine de la blessure. Kinésithérapeute, ostéopathe, podologue, psychomotricien, étiopathe, naturopathe... nombreux sont ceux qui s'intéressent aux liens entre les déséquilibres posturaux, énergétiques, voire psychologiques, et l'apparition d'une blessure. Celle-ci est rarement due au hasard. Elle signifie le plus souvent qu'il y a quelque chose à modifier dans son entraînement, dans sa préparation en général, dans sa vie.

En même temps que nous faisons ce travail de soins et de recherche, l'état d'esprit dans lequel nous l'abordons est capital. Bien entendu, il est rare qu'une blessure nous fasse sauter de joie. Le plus souvent, nous nous fixons très vite des limites : « Je dois recourir dans X jours. » Nous imaginons déjà l'avenir : « Je ne serai jamais prêt pour la course du… » et encore bien d'autres idées négatives. Toutes ces pensées rajoutent de la tension nerveuse et d'autres perturbations toniques. Ces tensions supplémentaires pourraient être comparées à des petits garrots. La zone blessée se trouve ainsi moins bien irriguée : elle guérira donc moins vite. De plus, les tensions, réparties dans tout le corps, modifieront toute la statique de celui-ci, ce qui ne sera pas sans conséquences à la reprise de l'entraînement.

Il ne s'agit pas de voir la blessure comme une malédiction ou une nouvelle tuile qui nous tombe dessus. La blessure a quelque chose à nous apprendre sur nous, sur la manière de mieux nous préparer, de mieux nous connaître… (Rappelons que des spécialistes peuvent nous aider). Prendre du recul ou faire une pause n'est pas une perte de temps car faire autre chose, c'est une autre forme de travail qui a son intérêt et qui, souvent, nous rend meilleurs. Ne nous fixons pas de limites de reprise trop rigides !

L'après-blessure est le moment d'application de tout ce qui précède. Sachons mieux appréhender le début de notre entraînement en nous adaptant à notre état du jour, physique et psychique. Soyons plus à l'écoute des signes que nous envoie notre corps.

Rien n'est immuable : les sensations, l'équilibre de notre statique, le placement du bassin… ne sont pas des programmes acquis à vie. Nous avons vu que la fatigue et le stress peuvent les modifier. Or comme ces données sont les conditions de la performance et de la prévention des blessures, régulièrement, réactivons nos sensations.

Regardons les choses avec du recul. Certains problèmes paraissent énormes à l'échelle d'une journée. Ils le sont moins à l'échelle d'un mois, nettement moins encore à l'échelle d'une année et paraissent très petits à l'échelle d'une vie.

Prenons de la hauteur : un état d'esprit plus calme est moins générateur de tension physique, de sorte qu'il augmente les chances de ne pas se blesser. Il n'y a pas de problèmes qu'on ne puisse pas surmonter, car on a en soi les moyens de trouver une solution.

Considérons donc chacun des moments de notre préparation, qu'il y ait blessure ou non, comme des moments d'apprentissage. Cet enrichissement doit être accueilli avec joie et confiance. Et dans cet esprit positif, nous nous préserverons de beaucoup de blessures ou, le cas échéant, nous guérirons plus vite.

Courir à son rythme[20]

*L*e rythme est un paramètre fondamental pour un coureur. N'entendons-nous pas dire : « Le rythme était trop rapide » ? Cela peut se comprendre ainsi : les autres étaient meilleurs que moi et je ne pouvais pas les suivre. Mais n'entendons-nous pas également : « Le rythme était trop lent » ? Pourquoi est-ce aussi un problème ? Si les autres sont trop forts, je conviens de ne pas pouvoir les suivre. Mais s'ils vont moins vite que moi, pourquoi n'accélérerais-je pas ? On entend alors : « J'étais dans un faux rythme ! »

Une série de questions reviennent régulièrement et sont en rapport avec le rythme. Est-il bon de courir en groupe ? Comment bien définir les intensités de course uniquement par des tests ? Comment progresser si l'on ne va pas « au-delà » ?

---

20. J.-P. Pes, « Courez à votre rythme ! », *VO2 Magazine*, n° 155, mars 2004, p. 162-163.

Pour évoquer ces questions, il est nécessaire de connaître ce qu'est le rythme ou plutôt les rythmes.

La science pour comprendre a souvent eu besoin de sortir l'objet à observer de son contexte et de l'analyser en laboratoire. Ceci a permis beaucoup de découvertes mais, en même temps, a créé de grands décalages entre ce qui pouvait se passer en laboratoire et ce qui se déroulait vraiment dans la vie. Nous pouvons prendre l'exemple de plusieurs tests de laboratoire pour effectuer la mesure des différents paramètres physiologiques : tests sur tapis, sur vélo… Actuellement, on tend à trouver des tests qui se rapprochent le plus possible des conditions de la course à pied.[21]

Une dérive des dernières décennies est de considérer l'homme seul. On entend actuellement les mots d'individualisme, de manque d'intérêt, de déresponsabilisation… Il s'agit là d'une philosophie, dont Husserl définissait déjà la seule conscience à porter ses qualités propres en elle-même : « moi-même »… L'actualité du vécu de chacun serait une réalité absolue. La conscience, considérée dans sa pureté, devrait être tenue isolée, fermée sur soi. En d'autres termes, l'homme n'aurait besoin que de lui-même pour exister.

Or, nous ne sommes pas seuls ! Certes, chaque être est unique et doit être considéré pour lui-même, mais en même temps, il est inscrit dans une société,

---

21. J.-P. Pes, *Gérer ses performances*, Genève, Éd. Jouvence, 2000.

dans un monde, un univers. Il est important d'apprendre à se connaître non pas comme un objet de laboratoire, mais comme un être vivant au sein d'une communauté humaine, à l'intérieur d'un univers vivant, donc changeant. Aussi s'agira-t-il de considérer les rythmes au sens du mouvement, ceux individuels, ceux environnants, avant d'envisager le rythme propre à la course.

Tout notre univers est rythmé : les astres, la lune… Il en est de même pour notre planète : la succession des jours et des nuits, les marées, la pousse et la floraison des plantes, les animaux. Il n'y a pas si longtemps certaines corporations se servaient volontiers de ces rythmes pour établir leur plan de travail : pêcheurs, agriculteurs, bûcherons composaient avec ces périodes. L'industrialisation et la demande croissante ont fait disparaître ces habitudes au profit des lois du marché, d'autant que ces habitudes étaient bien souvent assimilées à la croyance mystérieuse, pour ne pas dire mystique, et de ce fait abandonnées par une société sous l'emprise de la raison, de la science.

Or, aujourd'hui, est apparue la chronobiologie, qui étudie scientifiquement les rythmes biologiques qui nous entourent et qui influencent notre environnement et nous-mêmes. Autrement dit, nous tâchons de comprendre pourquoi ces bûcherons avaient raison de couper les arbres à certaines périodes. Contrairement à nous, qui les coupons aujourd'hui à tous moments, ils savaient ainsi empêcher l'invasion de parasites, l'infestation de nos bois, que nos traitements actuels n'arrivent pas à éradiquer.

Les plantes et les animaux suivent des cycles en rapport avec les rythmes des astres : la lune, le soleil…

Et l'homme dans tout cela, est-il indépendant de son univers ? Comment pourrait-il en être ainsi ? Est-il bien sérieux pour un scientifique d'étudier l'influence de la lune sur les naissances ? Grâce à la chronobiologie, la science avance à nouveau !

Une analyse sanguine ne donne pas les mêmes résultats au cours d'une journée. La médecine énergétique chinoise considère que les organes ou les complexes organiques ont leur propre cycle. Chaque organe atteint le sommet de sa performance à une certaine heure et fonctionne à son apogée pendant deux heures (voir le tableau ci-dessous). S'ensuit un repos de deux heures pendant lequel il fonctionne au minimum – il ne faudrait alors pas trop le solliciter. En dehors de ces phases, l'activité de l'organe est minimale.

Tableau des heures d'apogée des organes :

11-13 heures = cœur
13-15 heures = intestin grêle
15-17 heures = vessie
17-19 heures = reins
19-20 heures = maître du cœur
21-23 heures = triple réchauffeur

01-03 heures = foie
03-05 heures = poumons
05-07 heures = gros intestin
07-09 heures = estomac
09-11 heures = rate, pancréas

De même, chacun a son propre rythme cardiaque, sa propre tension artérielle, ses propres rythmes hormonaux. On peut étudier les rythmes cérébraux de veille et de sommeil individuels en portant pendant une journée une casquette d'électrodes reliée à un appareil, grand comme un baladeur.

La chronobiologie étudie aussi les rythmes de meilleures performances intellectuelles afin de connaître les heures où un enfant serait au mieux de sa forme pour apprendre à l'école. Les recherches sont multiples.

Un être humain est soumis aux rythmes de son environnement (rythmes biologiques de l'univers), à ses propres rythmes biologiques (cœur, tension, hormones…) et à son rythme corporel qui le caractérise. En effet, on reconnaît quelqu'un à son pas, à son rythme de parole, à sa vitesse gestuelle… Tous ces rythmes caractéristiques sont influencés par les rythmes environnementaux, de sorte que certains adorent courir sous la pluie, tandis que d'autres se sentent si mal qu'ils préféreraient ne pas courir. Le vent est le pire ennemi pour certains alors que d'autres s'y accommodent très bien. Ne nous trompons pas, il ne s'agit pas là de simples caprices ou de préférences sans autre lien. Doivent cohabiter, dans l'état de sensation, différents rythmes externes et internes selon un juste rapport.

Aujourd'hui, les rythmes sociaux prennent une place importante : on les perçoit au niveau du travail, des courses, des travaux ménagers, du bricolage, des rencontres, des rendez-vous (des horaires d'entraînement…) et même au niveau des vacances pour une part imposées (dates de location, de départ, de retour…). L'homme n'est ainsi plus uniquement influencé par les rythmes naturels mais également par ses propres créations.

Même si nous nous adaptons à ces rythmes, ceci se fait au prix d'une dépense énergétique parfois coûteuse. Rappelons que nous avons nos propres rythmes internes, si bien que plus les rythmes environnementaux et sociaux s'en éloignent, plus nous dépensons d'énergie. Si nous assistons à une conférence et que le rythme de l'orateur est beaucoup plus rapide que le nôtre, après un effort important pour suivre, nous risquons de décrocher. En revanche, si son rythme est beaucoup plus lent que le nôtre, nous risquons fort de nous endormir et de ne plus suivre.

Une fois de plus, il est important d'apprendre à se connaître : connaître son rythme naturel de course, de marche, gestuel en général, celui dans lequel on se sent le plus à l'aise… C'est en connaissant bien notre rythme que nous pourrons mieux nous adapter à d'autres. Car imposer directement à notre corps un rythme qui n'est pas le sien demandera un effort d'adaptation trop violent et occasionnera une dépense énergétique trop importante.

Pendant le footing tout d'abord, ne pas violenter notre corps, mais le laisser s'adapter en fonction du jour, du temps (vent, pluie...) et de ce que nous avons fait au travail ou à la maison (surcharge de travail, fatigue, stress, euphorie...). L'état d'esprit est capital : si, fatigués, nous nous imposons un rythme trop élevé, nous ne nous ferons pas plaisir. De même, dans l'euphorie, nous pouvons également ne pas respecter nos rythmes corporels naturels. Apprenons donc à les écouter pendant les footings et au cours des autres séances d'entraînement.

Se pose la question suivante : devons-nous courir en groupe ou seuls ?

Le rythme, c'est aussi un contrôle de soi. « Comment résister à ce jeune qui me dépasse ? » « Il a l'air de courir facilement, pourtant il est plus âgé que moi ! » En guise de réponse à toutes ces provocations : « J'accélère et je vais leur montrer ! » Même si les choses ne se disent pas toujours avec ces mots, il y a bien souvent un peu de cela dans le non-respect de nos propres rythmes.

Respecter son rythme, c'est avant tout laisser son orgueil à la maison. En suivant cette loi, courir en groupe ne pose aucun problème. Au contraire, le groupe est porteur, permettant de progresser – à condition de s'écouter (de considérer les différents facteurs évoqués plus haut et dont on est seul à en posséder les clefs).

Comme les anciens des corporations du bois ou de la pêche, qui respectaient les rythmes biologiques de la nature pour ne pas la tarir, apprenons à connaître et à écouter nos rythmes et ceux environnementaux pour ne pas épuiser notre énergie et pouvoir ainsi courir longtemps…

Courir pour sa santé

La santé est une préoccupation suscitant des recommandations sur les plans national et international : obésité, cancer, tabac… Le sport et la course à pied en particulier entrent directement dans ceux-ci. Courir est-il bon pour la santé ? Doit-on courir pour être en forme ?

Bien évidemment, il subsiste certains grands principes généraux. Il vaut mieux ne pas courir en début d'après-midi lorsqu'il fait 40 °C, que l'on n'a pas bu d'eau, que l'on est peu entraîné… Mais pour affiner, on ne peut guère rester dans les généralités !

Chaque être humain est unique. Il est donc difficile de faire un programme commun et de ne pas tomber dans une liste de prescriptions. La meilleure méthode est de suivre le parcours proposé dans ce livre, en relevant ce qui présente pour nous un intérêt, une fin ultime. Nous devons nous fier à notre intuition, c'est-à-dire à quelque chose de profondément intime qu'on ne peut pas nous prendre tel un objet. La fin ultime est la fin la plus haute de nos désirs.

Le bonheur s'atteint grâce au logos (la raison), aux vertus (bien agir, bien penser) et à une activité (produire quelque chose). Il n'est pas un état, mais une activité vitale procédant de l'intérieur de l'être humain.

Aristote définit l'activité comme ce qui vise à la création d'un objet extérieur à soi (production d'un livre, d'une peinture...). C'est aussi ce qui vise la joie de cette activité elle-même. On dit qu'elle est immanente. En d'autres termes, cette joie n'est pas uniquement liée au fait d'atteindre l'objet de ses désirs, mais aussi au fait de se sentir vivre et exister à travers une activité.

L'homme a besoin du réel pour connaître, ce que lui permet la course à pied via l'effort exigé du corps et de l'esprit.

Invitant à trouver un juste milieu, la raison constitue, selon nous, un bon principe d'éducation à la santé. Ne pas se mettre en danger demande non pas de suivre uniquement des conseils, mais aussi de cultiver sa conscience.

La vertu perfectionne les actions de l'homme, à condition qu'elles soient sous sa responsabilité. Selon Aristote, l'acte responsable doit être volontaire, choisi et délibéré.[22]

---

22. M. Clément, *La soif de la sagesse*, Paris, Éd. de l'Escalade, 1979.

Conclusion

Apprendre à marcher, à courir, à parler, à lire, à compter et à aimer, tel est l'apprentissage de l'être humain depuis sa naissance. Il est l'être vivant au plus important potentiel, à condition qu'il apprenne.

Même les mouvements du corps et du cœur les plus naturels doivent être appris et, bien que « simples », ils demandent beaucoup de temps. L'homme peut évoluer toute sa vie, quoi qu'en disent les fausses idées, qui ont souvent la vie dure. Il n'y a pas de limites : celui qui veut progresser peut apprendre dans la vie et de la vie. Seul le temps est un élément essentiel pour faire un bon *apprenti-sage*!

Une multitude de choses sont essentielles. Si nous prenons l'exemple des programmes scolaires, il est parfois difficile de distinguer les points qui le sont de ceux qui le sont moins. Ce sont les *fondamentaux.*

La pose du pied est notamment un des fondamentaux de la course à pied. Sur un plan biomécanique, poser le pied en attaquant avec la pointe ne permet pas une utilisation complète du mollet. Avec le talon, il y a un moment d'arrêt qui freine la foulée. La meilleure pose est une attaque avec la plante, un léger appui du talon et une poussée solide et rapide jusqu'à l'avant du pied. Le pied est le signe caractéristique du bon coureur, d'où l'expression « avoir du pied ».

Considérons la course comme une expression de la totalité de la personne humaine, corps et esprit. Partageons le pied en trois zones (la pointe, la plante et le talon) et attribuons à chacune une notion du temps. La pointe représente le futur, la plante le présent et le talon, le passé. Courir « en talon », c'est rester un peu trop dans le passé ; « en pointe », aller trop vite dans le futur, se précipiter. La pose « en plante » est un bon fonctionnement biomécanique, une logique de vie. Pour bien courir, se servir du passé comme appui (sans vivre ni se poser dans le passé), être bien vivant dans le présent (attaquer en plante pour bien positionner le pied et le reste du corps), aller vers le futur sans précipitation (pousser jusqu'à la pointe).

Parce que courir fait appel au corps et à l'esprit, gardons en tête la recommandation de saint Augustin :

« Quiconque veut séparer l'âme du corps perd la raison. »

Du même auteur aux Éditions Jouvence…

➤ Être tonique

Jean-Paul Pes

Comment être toujours en pleine forme, dynamique, motivé? Où puiser cette énergie débordante appelée « tonus »? Et comment le préserver? Réponse: au moyen d'une coordination corps-esprit et d'exercices proposés dans ce livre.

96 pages, 4,90 € / 9 CHF

➤ Gérer ses performances

Jean-Paul Pes

Fort de son expérience professionnelle de haut niveau, l'auteur nous explique de façon simple les moyens à notre disposition pour améliorer notre endurance. Avec de nombreux exercices.

96 pages, 4,90 € / 9 CHF

➤ Se régénérer le corps et l'esprit

Jean-Paul Pes

Dans une société où il faut toujours être performant, le stress nous envahit. Aussi, Jean-Paul Pes nous oriente-t-il vers l'éveil sensoriel et la maîtrise du temps, pour contrôler nos actions et réactions, donc pour nous régénérer.

96 pages, 4,90 € / 9 CHF

➤ 8 minutes pour être en forme

Jean-Paul Pes

8 minutes de gymnastique et de spiritualité qui vont vous aider toute la journée ! Vous trouverez ainsi un nouvel équilibre durable entre votre corps et votre esprit. Une discipline quotidienne qui, bientôt, deviendra indispensable à votre bien-être !

96 pages, 4,90 € / 9 CHF

Pour contacter l'auteur ou en savoir plus :
http://www.sante-psychomotricite-sport.com

Également aux Éditions Jouvence...

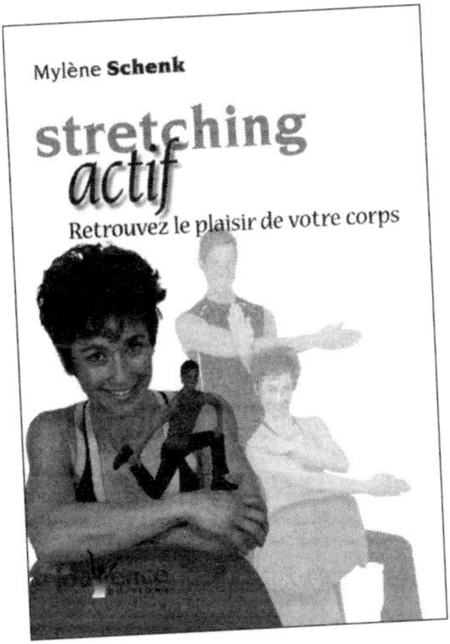

➤ Stretching actif

Retrouvez le plaisir de votre corps

Mylène Schenk

Le stretching, technique d'étirement musculaire, permet de tonifier les muscles, d'adopter de meilleures postures et de retarder le vieillissement des tissus. En d'autres termes, il permet de prévenir et de guérir notamment les maux quotidiens usuels : nuque ankylosée avec migraines, jambes lourdes, douleurs dorsales...

Trouvez dans ce livre de quoi apprendre à mieux vous connaître en développant les sensations du corps...

176 pages, 19 € / 33 CHF

Achevé d'imprimer sur rotative par l'Imprimerie Darantiere à Dijon-Quetigny en décembre 2005 - Dépôt légal : décembre 2005 - N° d'impression : 25-1704

Imprimé en France